OBJETS D'ART

ET DE

CURIOSITÉ

OFFERTS POUR

l'Œuvre des Écoles françaises d'Orient

VENTE

LES

1er et 2 Avril 1889

EXPOSITION

LE 31 MARS DE 1 A 5 HEURES

CATALOGUE

DES

OBJETS D'ART ET DE CURIOSITÉ

COMPRENANT :

ANTIQUITÉS GRECQUES ET ROMAINES

STATUES ET BUSTES

En Marbre et Terre cuite

Argenterie — Faïences — Porcelaines — Monnaies

OBJETS DIVERS

ORFROIS DES XIVe ET XVIe SIÈCLES

TABLEAUX ANCIENS

Provenant de Dons offerts

Pour l'Œuvre des Écoles françaises d'Orient

DONT LA VENTE AURA LIEU AUX ENCHÈRES PUBLIQUES

EN L'HOTEL DROUOT, SALLE N° 5

Les Lundi 1er et Mardi 2 Avril 1889
à 2 heures

Me RENÉ **SEILLIER**, commissaire-priseur, 27, rue de Châteaudun, à Paris.

Assisté de **M. GANDOUIN**, expert, 35 *ter*, rue des Saints-Pères, à Paris,

Chez lesquels se distribue le Catalogue.

EXPOSITION PUBLIQUE

Le Dimanche 31 mars 1889 de 1 à 5 heures.

CONDITIONS DE LA VENTE

Elle sera faite au comptant.

Les acquéreurs payeront, en sus des adjudications, *cinq pour cent* applicables aux frais.

L'exposition mettant le public à même de se rendre compte de l'état des objets, il ne sera admis aucune réclamation une fois l'adjudication prononcée.

DÉSIGNATION

TABLEAUX

1 — **ALBANE** (d'après). — L'Annonciation. — Toile.

2 — **ALLORI** (ALEXANDRE). — Jésus et la Samaritaine. — Bois.

    Cadre en bois sculpté.

3 — **ALTDORFER** (attribué à). — La Nativité. — Sur bois.

4 — **ANDRÉ DEL SARTE** (d'après). — Saint Pierre ressuscitant un enfant.

    Grande miniature, d'après la fresque de l'église San Miniato de Florence.

5 — **ANDRÉ DEL SARTE** (d'après). — Sainte Famille. — Toile.

6 — BECCAFUMI (Dominique).— École italienne. 1484-1589. — Mariage mystique de sainte Catherine. — Bois.

> Beau tableau d'une gracieuse composition et d'un bel état de conservation.

7 — BIBIENA (École de). — Monuments en ruines, et colonnades. — Toile.

> Deux panneaux décoratifs faisant pendant.

8 — BOLOGNÈSE. -- Tête d'homme. — Eau-forte.

9 — BOURGUIGNON (Jacques-Courton, *dit*) — Combat de cavalerie. — Toile.

10 — BREBIERE. — Quatre frises. — Gravures.

11 — BRONZINO (d'après). — Sainte Madeleine.

> Cadre en bois sculpté.

11 *bis*. — BUDELOT. — Paysage. -- Toile. — Joli tableau orné de figures, par DEMAY.

12 — CARRACHE (d'après A.). — Paysages : Diane et ses Nymphes. — Toile. — Deux pendants.

13 — CLAUDE LE LORRAIN (d'après). — Paysage : Soleil couchant. — Toile.

14 — CARAVAGE (Antonio de). — Sainte Madeleine. Toile.

15 — CARAVAGE (Ecole de Polydore de). — La Vierge et l'Enfant. — Sur toile.

16 — CARPIONI. — La Toilette de Diane. — Toile.

17 — CARRACHE (Louis). — Le Calvaire. — Peint sur cuivre, forme arrondie au sommet.

18 — CORREGIO (attribué à). — Tête de Christ. — Bois.

> Œuvre d'un grand sentiment et d'une tonalité superbe. — Cadre en bois sculpté.

19 — CRAESBECKE (Van). — Les Mauvais Joueurs. — Bois.

20 — CLERMONT. — Vénus endormie.

> Petit plafond de forme ovale.

21 — DEVERIA (Eug.). — La Vierge et Jésus enfant.

> Dessin rehaussé. — Signé.

22 — DUPONT (Ernest). — Portrait de femme. — Toile.

23 — ÉCOLE DE BALE. — Portrait de jeune homme. — Ecole de Holbein.

Cadre en bois sculpté, *anno 1530, ætatis 22.*

24 — FARINATO. — Apothéose de saint Roch. — Sur toile.

25 — FOILLY (P.). — École française vers 1840.— Marché en Normandie, avec Marchand d'orviétan. — Toile.

H , 0^m,65. — L., 0^m,54.

26 — FRANCK (FRANÇOIS). — École flamande, 1581-1642. — L'Assomption.— Cuivre.

Beau tableau de ce maître, bien conservé. — Cadre ébène incrusté d'ivoire.

27 — FRANCK (FRANÇOIS). — La Pentecôte. — Sur cuivre.

Joli tableau très bien conservé.

28 — FRANCK (AMBROISE). — La Trinité, Saint Joseph et la Vierge.

29 — FRANCK (École des). — La Résurrection. — Cuivre.

30 — FREY. — Jésus apparaissant à sainte Madeleine. — *(Signé.)* — Bois.

31 — GENTILESCHI (ARTÉMISE). — Sainte Marie
l'Égyptienne.

Cadre en bois sculpté.

32 — GHIRLANDAJO. — (École italienne, 1449-
1530?). — Nativité; la Vierge, Jésus et saint
Jean.

Très belle composition dans un paysage. La Vierge
à genoux près du divin enfant est en prière, saint
Jean enfant, un genou en terre, prie également. —
OEuvre intéressante en bon état de conservation.

Diam., 0^m,59.

33 — GILBERT.—Jésus mis au tombeau.—Dessin.

34 — GILBERT. — Plaisirs champêtres. — Dessin.

35 — GIRODET (École de). — Portraits de jeunes
filles. — Toile.

36 — GODCHAUX. — Bouquets fleurs des champs.
Toile.

37 — GODCHAUX. — Entrée de la Sublime-Porte.
Bois.

38 — GODCHAUX. — Rue de Blidah. — Toile.

39 — GODCHAUX. — Vue à Caen. — Toile.

40 — GOZZOLI (Benozzo). — La Vierge et
l'Enfant Jésus. — Peinture primitive sur fond
d'or.

> Cadre ogival en bois sculpté de l'époque du xv⁰ siècle

41 — GUIDE (d'après le). — Mater dolorosa. —
Toile.

42 — GUIDO RENI (d'après). — Sainte Famille. —
Cuivre.

43 — GUIMARD (L. de). — École en Normandie.
— Toile. — *Signé.*

44 — HOLFELD. — Sainte Clotilde. — Sur toile.

45 — HONTORST (Gérard). — (École hollandaise,
1592-1650). — Le coucher. — Toile.

46 — HONTORST (Genre de G.). — Mort de sainte
Marie-Madeleine. — Sur toile.

47 — HULSDONCK. — (École flamande, xviiie siè-

cle). — Perroquet, oiseaux des îles et fruits. —
Toile.

Grand panneau décoratif cintré à sa partie supérieure.

H., 2^m,45. — L., 1^m,30.

48 — LANFRANCO. — Saint Pierre. — Miniature
sur vélin.

Cadre en ébène, garni de plaques de malachite, por-
phyre, lapis et jaspe du Nil.

49 — LAWREINCE (d'après). — Le Roman à la
mode. — Bois.

50 — LÉONARD de VINCI (École de). — Jésus
portant la croix. — Cadre en bois sculpté.

51 — LUINI (École de Bernardino). — La Vierge
et Jésus. — Sur bois.

52 — MALTAIS. — Instruments de musique. —
Toile.

53 — MARATTA (d'après Carlo). — Vierge. —
Toile.

54 — MARIO DI FIORI. — Enfants jouant avec
des fleurs.

55 — MARIO DI FIORI. — Enfants jouant avec
des fleurs.

56 — MIEREVELDT (Époque de Michel Van). — Portrait de femme.

> Elle est représentée debout, vue jusqu'aux genoux, en robe noire à crevés, la tête ornée d'une coiffe blanche, le cou entouré d'une fraise et tenant ses gants de la main droite. — Sur cuivre, forme ovale. — Cadre en bois sculpté.

> H., 0^m,28. — L., 0^m,21.

57 — MIGNON (Genre de Abraham). — Fleurs et Papillons. — Bois.

58 — MOLA (Francesco). — (École italienne, 1612-1668). — Sainte Madeleine au désert. — Sur cuivre.

59 — MORALÈS (Louis de). — (École espagnole, 1509-1586). — Jésus conduit au Calvaire. — Sur bois.

> Beau tableau d'une belle exécution et d'un grand caractère. — Cadre en bois sculpté.

60 — MOREAU (Louis). — (École française, xviiie siècle.) — Vue présumée du Château de Mouchy.

> Joli tableau orné de nombreuses figures en costume Louis XVI. — Toile.

61 — OUDRY. — Epagneul couché. — Toile.

62 — PARET. — Portrait d'homme. — Toile.

63 — PARMESAN. — Sainte Famille. — Sur cuivre, cadre en ébène guilloché.

64 — PERRASSIN. — La Mare aux fées : Forêt de Fontainebleau. — Toile.

64 *bis* — PÉRUGIN (École de). — La Vierge et l'Enfant. — Bois forme ronde cadre en bois sculpté.

65 — POUSSIN. — (Gaspard-Dughet *dit* Guaspre). — Paysage. — Toile.

66 — RAPHAEL (d'après). — La Vierge dite de la Maison d'Orléans. — Bois.

> Copie très intéressante exécutée probablement dans l'atelier du maître. — Cadre en bois sculpté.

67 — RAPHAEL (d'après). — Sainte Famille. — Grand dessin en mauvais état.

68 — REGEMORTER (Pierre Van). — École flamande, 1755-1830. — Paysage effet de neige. — Bois.

69 — REGNAULT (attribué à Henri). — Vue de la Cour des Lions à l'Alhambra. — Toile.

> H., 0^m,82. — L., 0^m,68.

70 — RIBERA. — École Espagnole. — Saint Jérôme priant. — Toile.

71 — RIGAUD (Hyacinthe). — École française, 1659-1743. — Portrait de Louis Iᵉʳ d'Espagne, fils de Philippe V. — Peint sur toile.

Beau tableau. — Gravé.

72 — RUBENS (d'après). — Le Denier de César. — Gravure.

73 — SASSO FERRATO (d'après). — La Vierge des Douleurs, miniature sur ivoire, travail du xviiᵉ siècle.

74 — SASSO FERRATO (d'après). — Le Sommeil de Jésus enfant. — Sur toile.

75 — SCHEDONE (d'après le). — Triton et Naïade. — Toile.

76 — SODOMA. — Jésus portant la Croix. — Bois.

77 — SODOMA. — Saint François en extase. — Sur bois.

78 — SODOMA (genre de). — La Circoncision.

79 — SOLIMENA. — École italienne, 1657-1747. — La Vierge, l'Enfant et Jean, saint Maurice, saint Julien et saint Dominique. — Toile.

Jolie composition.

80 — SOULACROIX (Charles). — Dante. — Toile.

81 — SQUARCIONE (François). — École italienne,
1394-1474. — La Vierge au Bouvreuil.

> Vue à mi-corps, la Vierge présente le divin enfant
> complétement nu ; debout sur un appui, il tient un
> bouvreuil de la main gauche, près de la Vierge,
> saint Jean vêtu de peaux et saint Jérôme. — Bois.
> — Tableau remarquable par son caractère et sa
> conservation. — OEuvre absolument rare.

> H., 0^m,64. — L., 0^m,76.

82 — STELLA. — Nativité. — Peint sur pierre de
touche ; forme octogonale.

83 — STRY (d'après Van). — Animaux au pâturage.
— Bois.

84 — THORIGNY (Félix). — Paysage. — Fusain.

85 — TIÉPOLO (Dominique). — École italienne,
1727-1789.— La Vierge et l'Enfant Jésus, sainte
Rosalie et saint Dominique. — Toile.

> Jolie esquisse d'un tableau qui orne l'église San Giorgio
> de Venise.

85 *bis* — TINTORET. — Dieu le père dans la
gloire. — Toile.

86 — TOSCHI (Allessandro). — Saint Antoine
Ermite. — Toile.

87 — TREVISANI (Francesco). — École italienne,
1656-1746. — La Nativité. — Toile *(signé)*.

88 — VALENTIN. — Saint Gérôme. — Toile.

89 — VALDES (Léal). — Le Christ. — Toile.

Cadre en bois sculpté.

90 — VEEN (Jan Van). — Table chargée de plats, bouteilles et verres posés sur une nappe.

Table de cuisine chargée de poissons et légumes.— Toiles.

Deux pendants.

91 — VELDE (Esaïe Van de). — École hollandaise, 1588-1660 ?). — Paysage ; effet de neige avec relais de chasse.

Signé en toutes lettres. Date, 1650.

H., 0^m,34. — L., 0^m,44.

92 — VÉRONÈSE (École de). — La Vierge, l'Enfant Jésus, saint Paul et sainte Cécile. — Toile.

93 — VERRE ÉGLOMISÉ DU XVIe SIÈCLE. — Le Calvaire, d'après le Salviati.

94 — VINCI (d'après Léonard de). — La Vierge, Jésus, saint Jean, sainte Rosalie et saint Bonaventure. — Sur bois.

95 — VINCI (d'après Léonard de). — La Vierge et l'Enfant. — Toile.

Cadre en bois sculpté.

96 — VOS (Paul de). — Lion combattant des chiens.
— Toile.

Grand tableau décoratif d'une très belle qualité.

H., 2^m,45. — L., 1^m,48.

97 — VOS (M. de). — Laissez venir à moi les petits
enfants. — Gravure coloriée. — Cadre en ébène.

98 — VOUET (Simon). — La Vierge et l'Enfant. —
Toile.

99 — WATTEAU (d'après). — Conversation dans
un parc.

100 — WATTEAU (d'après). — Scène de la comédie
italienne. — Toile.

101 — ZURBARAN. — Abbesse de l'ordre de Sainte-
Rosalie. — Remarquable tête de vieille.

ÉCOLE ESPAGNOLE

102 — Portrait de femme avec armoirie. — Toile.

103 — Portrait d'un gentilhomme. — Toile.

ÉCOLE FRANÇAISE DU XVIe SIÈCLE

104 — La Visitation. — Feuille de missel imprimée
sur vélin et gouachée.

ÉCOLE FRANÇAISE

105 — La mort d'Adonis. — Toile.

106 — Diane au repos (d'après Ch. de Lafosse). — Sur toile.

ÉCOLE FRANÇAISE DE 1830

107 — Une Normande. — Toile.
Cadre en bois sculpté.

ÉCOLE GRÉCO-BYZANTINE

108 — La Vierge et le Divin enfant. — Tableau curieux sur bois.
Cadre en bois sculpté sur piédouche.

ÉCOLE HOLLANDAISE

109 — Tête de vieillard. — Bois.
Cadre en ébène.

ÉCOLE ITALIENNE

110 — Combat de cavalerie turque et européenne. — Sur bois.

111 — Sainte Famille, sainte Annne et saint Joachim.

112 — Nativité. — Toile.
Cadre en bois sculpté.

113 — Vierge dans sa gloire. — Cadre ébène orné de cuivres et cabochons.

114 — Ecce Homo. — Toile.

        Cadre en bois sculpté.

115 — La Vierge, miniature sur vélin.

116 — La Vierge et l'Enfant.

117 — La Vierge et l'Enfant, gravure coloriée.

        Cadre en bois sculpté.

118 — Vierge. — Toile.

        Cadre en bois sculpté.

119 — Le Massacre des Innocents. — Toile.

120 — Jeune femme portant un plat de fruits.

121 — Profil d'homme, de femme. — Sur bois.

122 — Jésus-Christ conduit au supplice. — Le Calvaire.

        Deux pendants, cadres, en bois sculpté.

123 — Le repos en Égypte.

        Broderie en soie, exécutée par Anna Tribolini, ce travail avec dédicace fut offert au pape Alexandre VIII.

ÉCOLE NAPOLITAINE

124 — Tête de jeune homme. — Toile.

Cadre en bois sculpté.

125 — Ermite lisant.

125 *bis* — Aumône royale. — Toile.

ANTIQUES

126 — Marbre. — Vénus. Tête de statue art grec.

> Ce beau morceau provient de fouilles faites dans le Tibre.

127 — Pierre. — Tête d'enfant. — Art archaïque étrusque.

128 — Marbre. — Tête de statuette de Jupiter Stator.

129 — Marbre. — Tête de statuette de Jupiter.

> Ces numéros sont de même provenance que le n° 126.

130 — Marbre. — Tête de panthère; applique formant console, provenant des fouilles de Tyr.

131 — Terre cuite. — Douze lampes ornées de trophées, palmettes, sanglier et tête de Jupiter. — Provenant de fouilles faites à Tyr.

132 — Verrerie. — Seize pièces lacrymatoires de formes diverses, fusiformes et piriformes. — Fouilles de Tyr.

133 — Verrerie. — Gobelet à surface unie ; autre à anse verticale et Rython. — Fouilles de Tyr.

134 — Verrerie. — Trois bouteilles dont une carrée. — Fouilles de Tyr.

135 — Verrerie. — Sous ce numéro seront vendues environ trente pièces, vases, plats et gobelets, provenant des fouilles de Tyr.

136 — Marbre de Vérone. — Tête de jeune fille (antique romain).

137 — Or. — Deux paires de boucles d'oreilles et trois pendeloques de cou provenant des fouilles de Tyr et de Sidon.

138 — Bronze. — Sceau du XIVe siècle de l'abbaye de Saint-Martin de Tours.

139 — Sous ce numéro, diverses pièces et morceaux de sceaux phéniciens. — Antiques.

140 — Marbre. — Tête de Bacchus (art grec).

141 — Diverses pièces en bronze provenant de colliers, bagues et sceaux antiques grecs, phéniciens et romains.

OBJETS DIVERS

142 — Ivoire. — Volet de dyptique du xv⁰ siècle; le Calvaire.

143 — Baiser de paix en forme de croix, provenant de la confrérie des frères de la Bonne-Mort (Sicile).

144 — Bronze antique grec. — Masque de lion provenant d'un vase, objet d'un très beau caractère (art grec).

145 — Ivoire. — Quenouille sculptée, ornée de trois figures d'enfants debout les uns sur les autres (époque Louis XIII).

146 — Boîte en bois sculpté (art turc ancien).

147. Bronze ancien du Japon. — Bouddha sur un mulet.

148 — Croix processionnelle en bois sculpté (art italien du xvᵉ siècle).

149 — Bronze. — Saint évêque bénissant (xvıı⁰ siècle).

150 — Ivoire. — Vierge et Enfant, statuette.

150 *bis* — Ivoire. — Vidrecome sculpté en haut relief représentant le combat des Centaures et des Lapithes. — Monture en argent ciselé et dorée.

151 — Ivoire. — Jésus à la colonne (art français du XVIIe siècle).

152 — Ivoire. — Boîte rectangulaire scupltée, paysage et figures (art chinois).

153 — Ivoire. — La Vierge, petite statuette du XIIIe siècle, brûlée à sa partie extérieure.

154 — Ivoire. — Christ, travail français du XVIIe siècle.

155 — Argent. — Christ, la croix et le socle en bois de palissandre marqueté de cuivre.

156 — Bois. — Le Songe de Jacob, groupe de l'époque Louis XIII.

157 — Bois. — *Mater dolorosa,* groupe du XVe siècle.

158 — Bronze. — La Vierge, Jésus et saint Jean, plaque du XVIIe siècle.

159 — Bronze. — Le Christ, plaquette du XVIIe siècle.

160 — Bronze. — Crucifix, bois de palissandre.

161 — Bronze. — Bacchus, statuette du XVIIe siècle;
socle en marbre rouge antique.

161 *bis* — Bronze. — Christ en croix. — Très beau
bronze fondu a cire perdue, travail remarquable
de l'école italienne du XVIe siècle.

162 — Bronze. — Mercure de Jean de Bologne,
épreuve du XVIe siècle.

163 — Bronze doré. — Modèle de fontaine. Vénus à
la coquille, naïade, triton et dauphins. —
XVIIe siècle. Provenant de la collection Castellani,
ventes faites à Rome.

164 — Bronze. — Madeleine en prière.

165 — Bronze. — Très beau pied de guéridon ciselé
avec parties dorées. Travail de l'époque du premier empire.

166 — Bronze. — Paire de flambeaux. Modèle à
gaine; terme, XVIIIe siècle.

167 — Bronze doré. — Pendule de style Renaissance
ornée sur la face de figures allégoriques; le dôme
à jour, orné de sujets de chasse, est surmonté
d'une statuette, le socle est orné d'une belle frise.

168 — Bronze. — Aiguière. — Style Renaissance.

168 *bis* — Bronze. — Mortier du XVIe siècle.

169 — Argent. — Quatre flambeaux, représentant les
Saisons ; les piédouches, richement ornés ainsi
que les binets, sont dans le goût des œuvres de
Benvenuto Cellini.

170 — Argent. — Très belle reliure repoussée et
ciselée. — Travail de l'époque Louis XV aux
armes de Borghèse.

171 — Argent. — Très belle reliure de style
Louis XIII, repoussée, ciselée et ornée de sujets
du Nouveau Testament gravés.

172 — Argent. — Paire de flambeaux de l'époque du
Directoire.

173 — Argent. — Dix porte-tasses. — Travail
repoussé oriental.

174 — Bois. — Saint Sébastien, statuette du
xviiie siècle.

175 — Bois. — Sphinx porte-guéridon. — Travail
du premier Empire.

176 — Terre cuite. — La Vierge tenant l'enfant. —
Art italien du xve siècle.

177 — Stuc. — La Vierge et l'enfant, reproduction
du xvie siècle d'après Donatello.

178 — Stuc. — La Vierge et l'Enfant, reproduction du xvie siècle d'après Mino de Fiesole.

179 — Marbre. La Vierge et l'Enfant d'après Lucca della Robbia.

180 — Terre cuite. — Bouchardon. — La Descente de croix. — La Mise au tombeau.
Ces deux bas-reliefs sont d'une composition et d'une exécution remarquable.

181 — Bernini. — Les Apôtres. — Quatre statuettes en terre cuite, œuvre originale de ce maître où l'on retrouve toute sa fougue.

182 — Terre cuite. — Faustine. — Statuette de l'École de Naples.

183 — Terre cuite. — Cérès. — Statuette.

184 — Biscuit de Naples. — Les Trois Grâces, groupe d'après Canova.

185 — Marbre. — Nerva, buste grandeur nature avec colonne en marbre blanc.

186 — Terre cuite. — Diverses statuettes de l'École italienne représentant les Prophètes.

187-188 — Divers cadres anciens sculptés et en ébène ;

FAIENCES ANCIENNES

189 — Urbino. — La Vierge et l'Enfant; statuette, décor polychrome.

190 — Urbino. — Bénitier entouré de statuettes d'anges daté de 1690.

191 — Bernard Palissy. — Vase et plateau à surface marbrée. — Réparé. — Pièce rare et d'une qualité exceptionnelle.

192 — Pesaro. — Grande potiche à couvercle, ornée sur la panse de masques de satyres; riche décor polychrome fleurs.

193 — Rouen. — Vasque de fontaine à accrocher. — Décor polychrome.

194 — Sous ce numéro seront vendus séparément.

— Très belle portière turque ancienne velours et broderie de soie.

— Autre analogue à la précédente.

—   Autre de même style, mais de travail moderne.

—   Jupe de robe et casaque velours pourpre brodé d'or, époque Louis XV.

—   Jupe de robe et casaque, velours ponceau brodé d'or, travail de l'époque Louis XVI.

—   Robe en velours bleu, brodée d'or. — Travail arménien.

—   Belle tapisserie ancienne de Bruges; port de mer et personnages; entourée de bordures.

PORCELAINES

195 — Saxe. — Fabrique de Meissen. — Tête-à-tête, fond vert d'eau avec sujets, d'après Wouvermans.

196 — Même fabrique. — Bonbonnière et tabatière. Décor polychrome dans le goût de Watteau.

197 — Paris. — Sucrier. — Décor polychrome et pot à lait de Revil.

198 — Inde. — Sucrier. — Décor polychrome. — Fêlé.

---

199 — Vieux chine. — Service à café, fond capucin à réserves ornées de bouquets de fleurs polychromes comprenant : cafetière, sucrier, 12 tasses, 12 soucoupes.

OBJETS DIVERS

200 — Mosaïque de Florence. — Dessus de guéridon
en marbre noir, avec incrustations de pierres de
couleurs, groupe de pêches, raisins et feuillages.
— La zone en, lapis-lazuli, est incrustée de
scarabées et papillons.

201 — Deux consoles d'encoignure en bois sculpté et
doré à dessus de bois. — Époque Louis XVI.

202 — Deux autres de même travail et époque.

203 — Crucifix en bois sculpté doré. — Époque
Louis XIV.

204 — Enfant Jésus debout. —Statuette, bois sculpté.
— Doré, époque Louis XIV.

205 — Statuette d'ange de la même époque. — Bois
sculpté, doré.

206 — Console de l'époque Louis XV. — Bois sculpté
et doré, avec marbre.

3.

207 — Guéridon octogone, en bois sculpté. Travail turc, le dessus en faïence, orné d'arabesques de différents tons et d'une inscription. — Deux des plaques fracturées.

208 — Plaque rectangulaire, en faïence, à reliefs. — Décor polychrome, représentant un prince à cheval voyant une femme au bain. — Art persan, très bel émail d'un beau ton.

209 — Cadre en bois sculpté.

210 — Meuble bahut d'appui à deux portes et tiroirs. Bois sculpté, avec figures formant cariatides.

211 — Meuble à deux corps, vitré, en chêne sculpté, style Louis XIII.

212 — Plaque d'applique en pierre sculptée de l'époque du bas empire, représentant une frise de guerriers vus de face, ainsi qu'une frise de loups, avec inscription en grec ancien.

213 — Plaque en marbre à extrémité supérieure arrondie, représentant dans une niche, un guerrier debout, la main gauche appuyée sur un bouclier, ayant pour umbo une tête de méduse, la main droite élevée tient un javelot. — Inscription en grec ancien.

214 — Plaque en pierre représentant un souverain, le
fond est chargé de caractères divers. — Art bysantin du v⁰ siècle.

215 — Marbre. — Tête de statuette à coiffure coni-
fère, cheveux torses. — Inscription sur le front.
— Art bysantin.

216 — Bureau à cylindre Louis XVI, bois d'acajou
orné de bronzes dorés.

217 — Grande console en bois sculpté, doré, travail
de l'époque Louis XV.

218 — Autre console en bois sculpté, doré, époque
Louis XVI.

219 — Autre de même époque.

220 — Autre de même époque, la ceinture ajourée.

221 — Stalle gothique en bois sculpté, à dosseret et
dais, époque du xv⁰ siècle.

222 — Très beau cabinet en ébène, de style Louis XIII,
les portes, les tiroirs, les frises ornées de plaques
de marbre incrustées de pierres de couleur, bouquets de fleurs, volubilis et oiseaux, groupes de
fruits et arabesques, l'avant-corps est orné de

deux colonnettes en lapis, et de chapiteaux et bases en bronze doré ; le piétement est orné de plaques de marbre.

223 — Bureau en bois de noyer, incrusté d'ivoire gravé et de filets d'étain. Travail milanais, époque Louis XIV.

224 — Bureau. — Deux corps en bois de noyer, incrusté d'ivoire gravé et de filets d'étain, époque Louis XV. — Le corps supérieur a une porte ornée d'une glace.

225 — Grande et belle vasque en serpentine, d'après l'antique, avec colonne à cannelures torses et chapiteau tournant.

226 — Marbre. — Pomone. — Statue de 1/2 nature, art italien du XVIᵉ siècle. — Réparée.

227 — Vasque en marbre antique ornée sur la face de masques de lions. — Au centre, inscription latine.

228 — Orfroi. — Croix de chasuble en passementerie d'or, d'argent et de soie à reliefs. — Travail du XIVᵉ siècle. Au-dessus du Christ est représenté le couronnement de la Vierge, les bras de la Croix sont ornés des figures de saint Pierre et de saint

André. Au pied de la Croix, les figures de saint
Jean et de Marie-Madeleine. Au-dessous, les figures de sainte Barbe et sainte Claire. — Objet
de la plus grande rareté.

229 — Orfroi. — Deux broderies de soie d'argent et
d'or représentant l'Adoration des bergers et
l'Adoration des Mages. — Travail du xvıᵉ siècle.

230 — Saint Paul. — Tableau en soie et or.

231 — Quatre tableaux en soie. — Scènes d'après Lan-
cret.

232 — Cuivre repoussé et peint. — Plaque représentant l'Adoration des bergers.

233 — Mosaïque romaine. — Fond d'albâtre, palmettes et mosaïques représentant des poissons.
— Pompeï.

234 — Sous ce numéro les objets omis.

MONNAIES

235 — Alexandre le Grand. — Tétradrachme. — Belle pièce.

236 — Alexandre le Grand; Démétrius et Antiochus, rois de Syrie. — Onze pièces. — Argent.

237 — Ptolémée Ier roi d'Égypte; Ardus. — Potins d'Antioche et d'Alexandrie. — Sept pièces. — Argent et potin.

238 — Une très grande quantité de Monnaies grecques autonomes, coloniales, romaines, byzantines, etc., etc. — Bronze, billon, plomb, etc. — **A diviser en lots.**

239 — Justin Ier. — Sou d'or au type du buste de face et de la Victoire, de face, tenant la croix et le globe crucigère.

240 — Charlemagne. — Denier frappé à Melle.

241 — Charles VI. — Écu d'or.

242 — Henri III. — Lot de six francs et d'un demi-franc. — Argent beau.

243 — Lot de Monnaies royales de France, depuis
Philippe le Bel jusqu'à Louis XIV. — Trente-six
pièces. — Argent et billon.

244 — Louis XIV, écu blanc. — Louis XV, demi-écu.
— Louis XVI. — Écu et écu constitutionnel à la
contremarque de Berne. — Quatre pièces. —
Argent.

245 — Provinces unies. — Écus et demi-écus dits
Leuwendaelder. — Huit pièces variées. — Argent.

246 — Venise. — Sequin du Doge Aloijs Mocenigo.
— Or.

247 — Orient. — Dinars de types divers. — Quatre
pièces. — Or. — Très belles.

248 — Un lot de monnaies française et étrangères. —
Trente-deux pièces. — Argent.

249 — Trouvaille de monnaies féodales de la fin du
XIIe siècle et du commencement du XIIIe.

> Cette intéressante trouvaille, d'environ six cents pièces,
> se compose en majeure partie de deniers frappés à
> Dijon par Hugues IV duc de Bourgogne (1218-1272),
> et par les rois de Chypre, Hugues Ier (1205-1218)
> et Henri Ier (1218-1253). Les autres monnaies, en
> petite quantité, comprennent des spécimens frappés
> à Déols, Celles, Vierzon, Saint-Aignan, Nevers,
> Bourbon, Montluçon Guingamp, Gien, Rennes,
> Laon, Tripoli, Jérusalem, Damiette, etc.

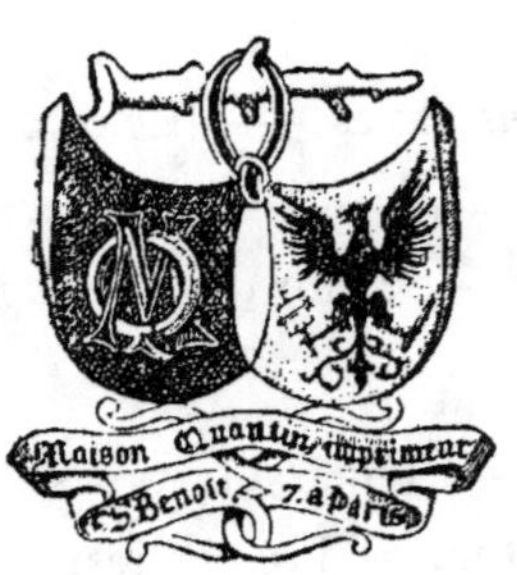

Maison Quantin, imprimeur
S. Benoît, 7, à Paris

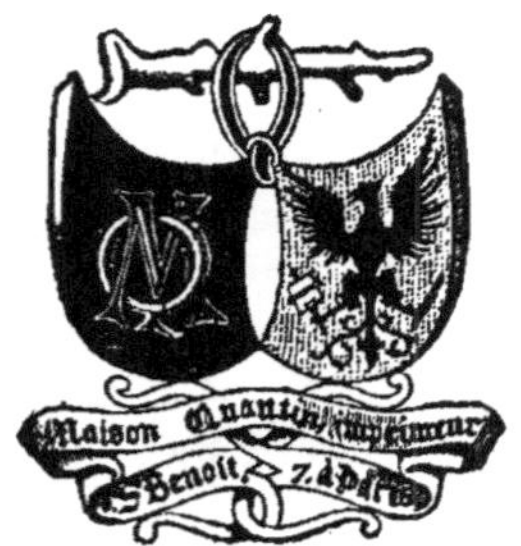